GÉRER L'ANGOISSE ET L'ANXIÉTÉ

Vers un épanouissement personnel et professionnel

Par Sabrina Biodore

50MINUTES.fr

GÉRER L'ANGOISSE ET L'ANXIÉTÉ

- **Problématique ?** Comment faire disparaître ces sentiments handicapants que sont l'anxiété et l'angoisse ?
- **Utilité ?** L'anxiété et l'angoisse, sensations de mal-être diffuses, peuvent poser de véritables problèmes dans la gestion de la vie quotidienne et professionnelle si elles sont continues.
- **Contexte professionnel ?** Bien-être au travail, gestion du stress.
- **FAQ ?**
  - Qu'est-ce qui différencie l'anxiété de l'angoisse ?
  - Comment dépister les signes d'anxiété ?
  - Comment museler l'anxiété liée à la performance professionnelle ?
  - Quelle est l'incidence de l'anxiété sur mes capacités professionnelles ?
  - Ne pas traiter l'anxiété : quelles évolutions possibles ?
  - Comment se manifeste une crise d'angoisse ?

- <u>En quoi les crises d'angoisse peuvent-elles me handicaper professionnellement ?</u>
- <u>L'homéopathie pour soigner les troubles anxieux, pourquoi pas ?</u>

Que vous soyez débutant dans la vie active ou que vous ayez plusieurs années d'expérience au compteur, vous attendez sans doute de votre travail, à l'instar de nombreux employés, qu'il vous assure un cadre détendu – sans pour autant être dépourvu de challenges –, où il fait bon vivre et travailler. Or le mal-être, la souffrance au travail sont des données connues du grand public ; en atteste le nombre grandissant d'articles publiés dans les magazines et journaux sur ces sujets.

Que faire lorsque l'anxiété s'invite au quotidien ? Lorsque l'inquiétude, la peur d'on ne sait quoi nuit à notre efficacité ? Ou pire, lorsque la survenue de crises d'angoisse nous paralyse, au point de nous rendre incapable d'accomplir de simples tâches ?

L'anxiété et l'angoisse sont de réels problèmes de santé publique : elles touchent entre 5 et 8 % de la population française, les femmes étant deux fois plus touchées que les hommes. Mais ces affections ne sont pas des fatalités. Sachez qu'il faut agir rapidement, dès que vous avez identifié des symptômes persistants ou répétitifs. Une prise en charge globale de l'individu sur un plan médical et psychologique peut permettre de traiter les troubles et de les faire diminuer de manière considérable.

Prenez donc 50 minutes pour apprendre les bons réflexes à mettre en place au quotidien pour que ces troubles, à la base mineurs, ne s'installent pas, ne s'aggravent pas et vous laissent en pleine possession de vos moyens pour effectuer vos tâches professionnelles. Ceci, de préférence, avant qu'ils ne deviennent véritablement handicapants !

B.A.-BA DU TRAVAILLEUR DÉTENDU

PETITE MISE AU POINT

Stress, anxiété, angoisse : quelles différences ?

Le milieu professionnel peut être exigeant et soumettre l'individu à diverses pressions susceptibles de le rendre sensible au stress. Cependant, il est ici primordial de différencier le stress de l'anxiété ou de l'angoisse.

Le stress correspond à des manifestations physiques/psychologiques amorcées en réponse à des stimuli interprétés comme une pression, une contrainte, une tension passagère. Les symptômes du stress sont nombreux et diffèrent selon les individus : vertiges, agitation, anxiété... Le stress agit aussi bien sur le physique que sur les plans du mental et du comportemental.

L'anxiété est caractérisée par un trouble passager des émotions. L'individu ressent à des degrés plus ou moins élevés une sensation de danger qui se manifeste par des symptômes physiques précis tels que nervosité, maux de tête, tachycardie (rythme cardiaque élevé), douleurs abdominales, insécurité... Elle est considérée comme une manifestation normale, en réaction à une situation stressante ou lors de dangers réels. Elle permet de faire face aux événements et d'y opposer une réaction adaptée. L'anxiété devient pathologique lorsque les troubles sont répétés pour des raisons diffuses, sans causes précises, ou lorsqu'ils s'installent de manière permanente.

L'angoisse correspond à une dérive des manifestations anxieuses ; elle est le stade supérieur de l'anxiété. Ainsi, une personne en état d'anxiété permanent ou régulier risque notamment de devenir sujette aux crises d'angoisse. Elle ressent alors une sensation de mort imminente et se retrouve paralysée par la peur. Sensation de mort, accélération du rythme cardiaque, douleurs abdominales, impression de devenir fou, tremblements ou tétanie sont quelques symptômes qui permettent de diagnostiquer l'état de crise.

En bref

Stress	
Définition	Ensemble de manifestions physiques, psychologiques et comportementales se mettant en place en réponse à des situations vécues comme une contrainte, une tension, par l'individu.
Symptômes, en fonction des individus	• Sueurs • Vertiges • Agitation • Difficultés à respirer

Anxiété	
Définition	Trouble passager des émotions. Réaction normale qui se manifeste face à une situation stressante ou devant un danger. On parle de troubles de l'anxiété lorsque la sensation de danger/menace se manifeste de manière diffuse sans cause évidente.
Symptômes, en fonction des individus	<u>Sensation de danger</u> • Douleurs abdominales • Nervosité • Tachycardie • Sueurs • Maux de têtes

Angoisse	
Définition	Stade supérieur de l'anxiété. L'anxiété se manifeste de plus en plus régulièrement et de manière paroxystique. Risque d'apparation de crises d'angoisse.
Symptômes, en fonction des individus	Sensation de mort imminente • Douleurs thoraciques • Impression de devenir fou • Douleurs abdominales • Tachycardie • Tétanie

Déjà handicapantes en soi, l'anxiété et l'angoisse peuvent évoluer vers différentes pathologies plus graves : les troubles anxieux généralisés (TAG), les phobies, les crises de panique, les troubles obsessionnels compulsifs (TOC), etc. Ne les prenez donc pas à la légère et ne tardez pas à consulter pour démarrer une prise en charge le plus tôt possible.

L'anxiété de performance

Les exigences liées au milieu du travail actuel, la volonté de réussir du salarié, la mise en avant du modèle du *winner*, de l'individu « multitâche », capable d'assurer sur tous les fronts, ont engendré de nouveaux troubles, classés dans les risques psychosociaux. Ces nouveaux « impératifs » ont fait naître chez le travailleur actuel une anxiété dite de performance liée à la volonté d'être continuellement au top. Or les effets de stimulation autoprovoqués ne finissent-ils pas par avoir des incidences négatives ? Il a été constaté qu'à force de se fixer des objectifs sans cesse plus élevés, les salariés obtiennent l'effet inverse à celui recherché au départ.

En effet, être perfectionniste et avoir la volonté de bien faire peuvent être des qualités stimulantes. Or, lorsque l'employé se met trop de pression par rapport aux résultats, à laquelle il faut ajouter la pression hiérarchique, il peut se mettre lui-même en difficulté, professionnellement parlant. L'ampleur de la tâche, l'insatisfaction permanente l'entraînent dans une spirale infernale. Il devient anxieux, redoute l'échec ou estime ne jamais être à la hauteur. S'ensuivent démotivation, perte de ses moyens et de ses capacités, voire burn out. Ce mal récent correspond à un épuisement professionnel complet : l'employé est dépassé physiquement et psychologiquement et n'arrive plus à faire face. C'est pourquoi il est préférable de remettre le travail à sa juste place : réaliser ses tâches correctement suffit amplement. L'on ne pourrait que trop vous conseiller de limiter le perfectionnisme exacerbé ou les objectifs hors d'atteinte.

QUELLES SONT LES CAUSES DE CES AFFECTIONS ?

Il n'existe pas une origine déterminée aux troubles liés à l'anxiété et à l'angoisse. En effet, ces peurs irrationnelles naissent généralement lors des stades de développement de l'enfant ou apparaissent suite à un traumatisme vécu à cette période, lors de l'adolescence ou au cours de l'âge adulte.

La survenue de troubles anxieux ou de crises d'angoisse est donc multifactorielle. On leur attribue des causes environnementales, médicales ou encore psychologiques.

Causes environnementales

Grandir dans un contexte insécurisant, avec des parents eux-mêmes anxieux ou maltraitants, peut contribuer à amorcer le développement de troubles anxieux chez l'individu. En effet, un enfant qui subit des brimades quotidiennes, des violences psychologiques répétées visant à le dévaloriser, va développer des troubles de l'estime de soi. Il peut également développer parallèlement une tendance à s'inquiéter de manière exagérée devant des situations pourtant anodines. Mais l'anxiété peut aussi être transmise par des parents surprotecteurs, qui voient le danger partout et transmettent leurs appréhensions à leur enfant. À l'âge adulte, ce dernier pourra être plus enclin à souffrir d'une anxiété généralisée ou à développer des troubles anxieux ou phobiques.

Causes médicales

Certaines pathologies provoquent des symptômes proches de ceux qui se font jour lors des manifestations anxieuses : difficultés à respirer, douleurs dans la poitrine, douleurs abdominales, sueurs, etc. Il s'agit de pathologies telles que le diabète, l'asthme, les maladies cardiaques ou les maladies de la thyroïde (la glande endocrine située à la base du cou). Ces dernières influent généralement sur l'humeur et le stress.

Si vous êtes fréquemment sujet à des sautes d'humeur ou à de l'angoisse irrationnelle, il est donc impératif de commencer par éliminer de potentielles causes biologiques et médicales. Pour cela, il suffit de consulter un médecin qui prescrira les analyses biologiques et établira un examen physique approfondi. Éliminer les diagnostics différentiels permet d'établir de manière sûre celui de troubles de l'anxiété.

Causes psychologiques

Les individus sont sensibles et réagissent différemment aux événements qu'ils vivent chaque jour. Cela dépend du milieu dans lequel ils ont grandi, de leur environnement, des expériences qui ont forgé leur caractère.

Un événement traumatisant, tel qu'une agression physique, la perte d'un être cher, un accident ou une catastrophe naturelle, peut être l'élément déclencheur de la survenue de troubles anxieux. La peur de revivre la situation traumatisante peut entraîner la mise en place de conduites d'évitement, reproduites de manière incontrôlable, et rendre la vie quotidienne du sujet extrêmement difficile à gérer.

La volonté d'être constamment performant au travail, la peur de perdre sa place ou de se retrouver au chômage peuvent également provoquer ce genre de troubles et compliquer les relations professionnelles (et personnelles). L'anxiété et l'angoisse deviennent alors de véritables gênes perturbant la vie professionnelle du sujet.

LES CONSÉQUENCES SUR LA VIE QUOTIDIENNE ET PROFESSIONNELLE

Au quotidien, gérer ses troubles anxieux peut rapidement tourner au cauchemar. En effet, les symptômes physiques évoqués ci-dessus (palpitations, difficultés à respirer, etc.) peuvent être handicapants et demander sur le moment une prise en charge plus ou moins longue avant de disparaître temporairement. Ce qui, dans n'importe quelle situation, pose problème.

Ensuite, il faut savoir que la répétition de ces symptômes peut entraîner ou majorer diverses affections. En effet, les palpitations, douleurs thoraciques et autres peuvent être à l'origine de troubles cardiaques tels que l'hypertension ou l'angine de poitrine, voire provoquer un infarctus, par exemple lors d'une crise d'angoisse. Le stress, accru dans le cadre d'un état angoissé, peut induire l'apparition d'ulcères ou de troubles hormonaux (dérégulation de la sécrétion de cortisol, par exemple). Ces maladies secondaires peuvent être imputées aux troubles liés à l'anxiété. Des troubles du sommeil ou des maux de tête peuvent aussi s'installer et s'ajouter à la liste des difficultés vécues par les personnes souffrant de troubles anxieux.

Dans le contexte de la vie professionnelle, les crises de panique peuvent empêcher le travailleur d'effectuer correctement les tâches qui lui sont attribuées. L'anxiété et l'angoisse gênent l'efficacité. Elles peuvent également perturber les relations professionnelles. L'individu anxieux est mal à l'aise avec ses collègues ou montre des signes d'irritabilité, qui vont alors avoir une incidence sur l'atmosphère de travail. Quant à l'anxiété de performance, elle peut accroître des difficultés déjà présentes.

Pour noircir le tableau, si aucun traitement n'est mis en place, l'individu en proie aux affres de l'anxiété peut rapidement dériver vers la dépression ou certaines conduites addictives (alcoolisme, consommation de drogues telles que la cocaïne, le cannabis, etc.).

Il ne faut surtout pas rester sans rien faire ou subir les événements comme une fatalité. Fort heureusement, il existe des traitements adaptés et il est possible de traiter correctement les souffrances induites par les troubles anxieux et l'angoisse. N'attendez pas pour vous soigner !

COMMENT S'EN SORTIR ?

Le diagnostic d'anxiété et d'angoisse est posé lorsque les troubles constatés perdurent plus de six mois et lorsqu'une pathologie sous-jacente a été écartée (après une consultation médicale).

La thérapie repose alors sur l'administration de traitements médicamenteux et sur le suivi psychologique. La pratique d'activités relaxantes, permettant de lutter contre le stress, est également fortement conseillée. Elle participe à la diminution des troubles.

Prise en charge médicale

Les médicaments administrés dans le traitement de l'angoisse sont essentiellement :

- les **antidépresseurs**, qui permettent de diminuer les troubles en agissant sur l'efficacité des neurotransmetteurs – ceux-ci sont des éléments chimiques synthétisés par les neurones qui agissent au niveau de la transmission de l'influx nerveux ;

- les **anxiolytiques**, tels que les benzodiazépines (Xanax, Tranxène, Lysanxia, etc.), qui permettent de diminuer les sensations liées aux troubles ou prévenir l'apparition des symptômes. L'inconvénient avec les anxiolytiques comme les benzodiazépines est qu'ils peuvent engendrer un état de dépendance. Il est donc impératif de suivre le traitement prescrit et de ne pas le stopper brutalement. Le médecin prescrit habituellement des anxiolytiques sur une période de deux à trois mois, afin d'évaluer l'efficacité du traitement. Si un arrêt de prise est envisagé, il doit l'être en concertation avec le médecin. L'arrêt est ensuite progressif (diminution de la posologie avec surveillance biologique, afin d'éviter un syndrome de sevrage).
- De manière générale, l'efficacité des anxiolytiques sur la diminution conséquente des symptômes liés à l'anxiété est avérée. Le patient se sent rapidement plus serein.

CLIN D'ŒIL EMPLOYÉ

En France, des visites médicales sont organisées chaque année pour les employés. C'est un moment idéal pour évoquer les problèmes rencontrés dans le cadre de votre vie professionnelle. Si l'anxiété devient une entrave à la pratique de votre activité, vous avez la possibilité de discuter de vos troubles avec le médecin du travail. Il vous dirigera vers les professionnels aptes à vous prendre en charge.

Prise en charge psychologique

Le traitement médicamenteux agit sur les manifestations de l'anxiété et de l'angoisse ; pas sur leurs causes. C'est sur ces dernières qu'intervient la prise en charge psychologique. La psychothérapie est donc le traitement de première intention de l'anxiété et l'angoisse ; sans elle, on ne peut agir que sur les symptômes et non traiter les troubles en profondeur.

Grâce aux techniques utilisées, le malade va tout d'abord pouvoir identifier les causes psychologiques à l'origine des troubles qui l'affectent, avant d'en examiner les mécanismes de mise en place. Il sera alors à même de modifier ces mécanismes pour faire face efficacement lors d'épisodes anxieux. Plusieurs types de psychothérapies sont possibles.

- Dans le cadre de **la psychothérapie analytique**, le patient suit des séances où il se livre à un psychothérapeute. C'est en parlant, en mettant des mots sur ses symptômes et sa souffrance, qu'il peut agir sur eux. Le sujet associe librement des objets, lieux, événements qui se sont déroulés dans son passé jusqu'à les lier aux troubles dont il est affecté. Il va décortiquer les différentes phases de sa vie, depuis la petite enfance jusqu'à l'âge adulte, pouvant être à l'origine de ses difficultés. Déterminer les facteurs à l'origine des troubles anxieux donne la possibilité d'agir, de travailler sur ces derniers pour ajuster les méthodes thérapeutiques.

- **La thérapie cognitive et comportementale** (TCC) est une thérapie courte, c'est-à-dire qu'elle se déroule sur un temps déterminé (en général, entre trois et six mois). En association avec la prescription d'un antidépresseur, elle permet de prévenir les rechutes. Elle a un but précis : elle permet au sujet, aidé du thérapeute, de pointer du doigt les comportements « déviants » adoptés pour faire face à des situations données. En ce sens, ce genre de thérapie est parfaitement adapté à la correction des comportements nés dans le cadre de troubles anxieux généralisés. Au cours des séances, le sujet revient sur ses périodes de crise et évoque ses symptômes. Il va ensuite décrypter les réactions qu'il a mises en place pour faire face à ces épisodes : évitement de situations, schémas relationnels, etc. Le thérapeute l'aide ensuite à « reprogrammer » les différentes réactions qu'il a développées pour qu'il soit en mesure à l'avenir de faire face de manière objective et concrète aux événements.

Par exemple, si vous exprimer devant un groupe vous paralyse et que vous vous débrouillez toujours pour déléguer cette tâche à un collaborateur, le thérapeute vous aidera à comprendre ce qui déclenche cette angoisse. Il vous aidera ensuite à travailler sur le schéma de réactions que vous avez construit en en interrogeant ses fondements : pourquoi déléguer cette tâche à quelqu'un d'autre ? Pourquoi est-ce que j'estime ne pas être capable de l'effectuer ? Comment puis-je réussir à réaliser cette activité ? Ce genre d'exercice vous permettra à terme d'être apte à vous exprimer devant un groupe, voire de mener une réunion.

La TCC est également utilisée pour lutter contre les troubles obsessionnels compulsifs, les troubles alimentaires (anorexie, boulimie) et les troubles dépressifs.

Prévention

En parallèle à ces accompagnements thérapeutiques ou en traitement préventif, rien de tel que de pratiquer des activités relaxantes, extrêmement bénéfiques pour lutter contre le stress précurseur de l'anxiété :

- la **relaxation** est parfois utilisée lors d'une TCC, afin d'aider le patient à se détendre. Elle permet en effet au sujet qui ressasse sans cesse les mêmes pensées parasites de se déconnecter du quotidien et de diminuer son stress en agissant sur ses manifestations physiques : le rythme cardiaque diminue, les muscles se relâchent, les pensées fusent moins, etc. Le bénéfice ressenti est très concret. Il existe différentes approches en matière de relaxation : respiration abdominale, sophrologie, autohypnose, yoga, aromathérapie... Autant de techniques à mettre à profit dans le cadre du traitement – voire en dehors de ce cadre.

- la pratique d'une **activité sportive** régulière permet également de lutter contre l'anxiété et les crises d'angoisse. Le sport aide à évacuer les tensions que peut ressentir l'individu, ce qui en fait un exutoire bénéfique. En effet, après environ 30 minutes d'activité physique, le corps sécrète les hormones spécifiques du bien-être : les endorphines. Ce sont les endorphines qui procurent à l'organisme cette sensation de relâchement et de mieux-être après une séance sportive, participant ainsi à améliorer le bien-être quotidien.

Pour obtenir des résultats encore plus probants, mettez également la priorité sur vos heures de sommeil et ménagez-vous du temps libre pour vous adonner à des occupations vous permettant de vous ressourcer (comme passer du temps en famille, admirer de beaux paysages, boire un verre avec des amis, etc.). Et puisque notre intestin est, après le cœur, notre troisième cerveau, on peut ajouter à cela le suivi d'un régime alimentaire sain et équilibré, accompagné de l'élimination de substances nocives pour l'organisme (café, tabac, alcool, etc.).

Dix aliments pour lutter contre l'anxiété

Certains aliments – à consommer sans excès, comme pour tout – sont connus pour leurs bienfaits sur le système nerveux, notamment :

- les bactéries ou levures probiotiques, qu'on trouve par exemple dans les yaourts ;
- les poissons gras, comme le saumon, la sardine ou la truite ;
- les céréales complètes ;
- au niveau des fruits, les bananes et les myrtilles ;
- les œufs ;
- les algues de mer ;
- les amandes ;
- le chocolat ;
- le thé vert ;
- la camomille.

L'adage ne dit-il pas : « Un esprit sain dans un corps sain » ? Pour lutter contre l'anxiété et l'angoisse, ces procédés évidents ne sont donc pas superflus. Et combattre ces souffrances vous permet d'être plus actif dans votre travail, de vivre votre vie professionnelle au mieux, d'avoir de bonnes relations avec vos collègues et d'être apte à donner le meilleur de vous-même. En clair, d'être compétitif et efficace.

EN BREF

La durée de traitement des affections dues à l'anxiété et à l'angoisse sera plus ou moins longue selon les individus. Elle dépend de la gravité des troubles rencontrés. Pour soigner efficacement le sujet atteint, plusieurs thérapeutiques peuvent être envisagées : les traitements médicamenteux (anxiolytiques et antidépresseurs) ou les psychothérapies (comportementale et cognitive ou analytique). Des activités relaxantes telles que le sport ou les exercices de relaxation ont des effets positifs sur le traitement et aident à faire disparaître ou minorer considérablement les symptômes de ces maux handicapants. Souffrir d'anxiété ou d'angoisse n'est pas une fatalité !

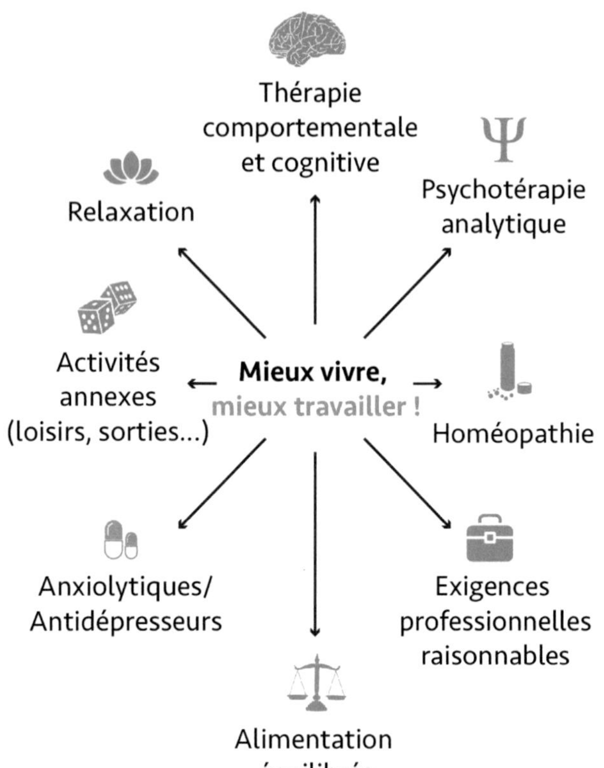

Thérapie comportementale et cognitive
Relaxation
Psychotérapie analytique
Activités annexes (loisirs, sorties...)
Mieux vivre, mieux travailler !
Homéopathie
Anxiolytiques/ Antidépresseurs
Exigences professionnelles raisonnables
Alimentation équilibrée
© 50MINUTES.fr

TOP CONSEILS

- Sachez faire la différence entre le stress dû à votre travail et celui lié à la gestion de votre vie quotidienne, entre l'anxiété passagère (normale), l'anxiété pathologique (qui surgit sans cause apparente et dont les symptômes se manifestent de façon anarchique pendant plus de six mois) et l'angoisse généralisée (sensation de danger imminent, peur excessive invalidante).
- Pour mener de front toutes vos activités, veillez à privilégier un mode de vie sain. Mangez des repas équilibrés, faites du sport, couchez-vous à heures régulières et reposez-vous suffisamment. Ces quelques précautions élémentaires, valables pour tout un chacun, vous permettront de faire face à la pression professionnelle avec sérénité.
- Si vous êtes d'un naturel stressé dans la vie de tous les jours, cela peut se répercuter sur votre vie professionnelle. Prévenez les épisodes d'anxiété généralisée en vous défoulant. Pratiquez le jogging, nagez, faites du yoga, offrez-vous

des séances de massage, etc. Optez pour une activité sportive ou relaxante qui vous permet de vous détendre et de vous sentir bien dans votre peau.

- Certaines plantes ont des propriétés relaxantes : houblon, passiflore, valériane, etc. Consommer des tisanes à base de plante (le soir avant de vous coucher, par exemple) peut vous aider à vous sentir relaxé et serein. Vous pourriez également essayer l'Euphytose, un traitement distribué en pharmacie et non soumis à prescription médicale, dont les principes actifs sont principalement extraits de la valériane et de la passiflore. Il est indiqué dans les cas de troubles anxieux mineurs.
- Lorsque les symptômes de l'anxiété persistent, n'attendez pas trop longtemps avant de réagir. Plus vite le traitement sera mis en place, moins fréquemment se manifesteront les épisodes de grande anxiété. Nier le problème vous expose à l'installation de troubles pathologiques.
- Commencez par consulter un médecin pour déceler les potentielles origines biologiques de vos souffrances (diabète, troubles cardiaques, hyperthyroïdie, asthme, etc.).

- La médecine du travail permet de dépister certains troubles dont souffrent les salariés. Profitez des visites médicales pour évoquer vos symptômes, vos difficultés quotidiennes ou celles que vous rencontrez dans votre travail. Ne vous isolez pas, vous avez des interlocuteurs qui sont à votre écoute !

- Si vos maux ne relèvent pas d'une affection biologique, qu'ils sont intenses, fréquents, voire permanents, si vous souffrez régulièrement de crises d'angoisse, d'attaques de panique, de TOC ou de phobies irrationnelles, il faudra alors envisager un accompagnement psychologique, assorti ou non d'une prise de médicaments calmants.

FAQ

QU'EST-CE QUI DIFFÉRENCIE L'ANXIÉTÉ DE L'ANGOISSE ?

L'anxiété est une réaction normale face aux événements stressants (approche d'une échéance importante, par exemple) ou devant une situation difficile (examen de conduite, présentation d'un dossier lors d'une réunion professionnelle, etc.). Elle permet de ressentir une appréhension qui va aider le sujet à réagir. Elle devient anormale lorsqu'elle survient sans cause identifiable, sur une longue période.

L'angoisse est une manifestation paroxystique de l'anxiété. L'individu subit des crises répétées, sans raison apparente, où il est en situation de mal-être total : peur irraisonnée, incapacité à réagir, sensation de mort imminente, palpitations, sueurs, nausées ou autres symptômes accompagnent ces épisodes.

COMMENT DÉPISTER LES SIGNES D'ANXIÉTÉ ?

Les signes d'anxiété sont nombreux. De plus, ils varient selon les individus. Les symptômes que vous ressentez en cas d'anxiété ne sont pas les mêmes que ceux d'un autre. Cependant, certains facteurs peuvent vous alerter :

- vous ressentez constamment ou fréquemment de l'inquiétude alors qu'aucune situation stressante n'est présente ;
- vous êtes fatigué en permanence, vous êtes irritable ;
- votre cœur s'emballe sans aucune raison, vous éprouvez des difficultés à respirer, vous commencez à suer abondamment, avez des difficultés à respirer ou présentez des douleurs au niveau du thorax ou de l'abdomen ;
- vous êtes nauséeux ou souffrez tout à coup de maux de tête.

Lorsque plusieurs de ces symptômes surviennent de façon répétée, couplés à une inquiétude diffuse pendant plusieurs mois, vous devez vous interroger. Vous souffrez certainement d'anxiété ou d'angoisse. Une seule solution s'impose : consulter un médecin.

COMMENT MUSELER L'ANXIÉTÉ LIÉE À LA PERFORMANCE PROFESSIONNELLE ?

Vouloir être à la hauteur, être performant et assurer un bon travail doivent être des objectifs motivants dans le cadre de votre vie professionnelle. Cependant, lorsque ces derniers deviennent trop élevés ou que la pression ressentie par les salariés est trop importante, des troubles anxieux peuvent faire leur apparition. Pour museler l'anxiété liée à la performance, il ne faut pas laisser le travail prendre le pas sur les autres espaces de votre vie. Ne négligez pas votre sommeil ou votre nécessité de bouger. Ne pas placer la barre trop haut, se contenter d'atteindre des objectifs professionnels satisfaisants et veiller à son bien-être permettent d'endiguer les manifestations anxieuses.

QUELLE EST L'INCIDENCE DE L'ANXIÉTÉ SUR MES CAPACITÉS PROFESSIONNELLES ?

L'anxiété va avoir plusieurs conséquences sur la vie professionnelle. Le salarié peut se montrer irritable, tendu face à ses collègues ou son travail. Il peut également avoir des difficultés à se concentrer et donc à réaliser certaines tâches. Il peut perdre ses moyens (s'il doit orchestrer une réunion, par exemple) ou être pris de panique. Enfin, il peut développer certains comportements, tels que l'évitement de certaines situations qu'il se trouve en incapacité de gérer.

NE PAS TRAITER L'ANXIÉTÉ : QUELLES ÉVOLUTIONS POSSIBLES ?

Non soignée, l'anxiété peut devenir chronique et entraîner la persistance des symptômes de manière continue et anarchique. Elle peut également évoluer vers l'installation :

- de troubles anxieux généralisés (TAG). Les TAG correspondent à l'installation d'une anxiété quasi permanente. Les sujets d'inquiétude de la personne atteinte sont multiples et concernent les différents pans de sa vie.

- de crises d'angoisse ou de panique, c'est-à-dire d'un épisode aigu de manifestation d'angoisse. La personne est paralysée par la peur, a l'impression qu'elle va mourir sur-le-champ. L'hyperventilation est constatée chez certains individus effectuant une crise de panique. Ils respirent plus vite et de manière anarchique.

- d'états phobiques. Par exemple, la phobie sociale va correspondre à l'apparition d'une peur irraisonnée face à toute interaction avec les autres. L'agoraphobie correspond quant à elle à la peur de se trouver dans des espaces publics dont les issues de secours semblent difficilement atteignables. Le malade appréhende alors le fait de ne pas pouvoir être secouru sur place, au cas où le besoin se ferait sentir. Il existe ainsi de nombreux états phobiques.

- de troubles obsessionnels compulsifs (TOC). Les TOC consistent à reproduire les mêmes gestes de manière répétée, dans le cadre d'une situation donnée. Ces gestes compulsifs permettent à la personne de faire face à une situation qui l'angoisse.

COMMENT SE MANIFESTE UNE CRISE D'ANGOISSE ?

La crise d'angoisse est un événement perturbant et handicapant. En effet, le sujet ressent une sensation de peur panique, il se perçoit comme en danger de mort et est complètement démuni face à cet épisode. Les symptômes peuvent être les mêmes que ceux vus précédemment : sueurs, douleurs abdominales ou thoraciques, tachycardie, nausées, etc. Au moment de la crise, le sentiment de perte totale de contrôle majore la sensation de peur irraisonnée. Lorsqu'une crise d'angoisse survient sur le lieu de travail, elle entraîne un état d'incapacité temporaire. Cela peut être très mal vécu par le salarié et provoquer, outre le stress ressenti, un état de gêne difficile à assumer.

EN QUOI LES CRISES D'ANGOISSE PEUVENT-ELLES ME HANDICAPER PROFESSIONNELLEMENT ?

Les crises d'angoisses sont des épisodes aigus, intensifs, qui surviennent lorsque les mécanismes de réaction de l'individu sont dépassés. Le sujet se retrouve alors dans l'incapacité totale de réagir et, lors de certaines crises aux symptômes physiques particulièrement violents, une prise en charge médicale peut être nécessaire.

Si les crises deviennent trop nombreuses et sont répétées à intervalles relativement courts, l'individu va rapidement perdre toute aptitude à assurer son travail, et ceci sur une période indéterminée. Il sera alors nécessaire de stopper temporairement l'activité, voire d'envisager un long arrêt de travail, afin de mettre en place un traitement adapté. Ce qui est particulièrement handicapant, professionnellement parlant.

L'HOMÉOPATHIE POUR SOIGNER LES TROUBLES ANXIEUX, POURQUOI PAS ?

Certains traitements homéopathiques permettent de lutter contre l'anxiété et l'angoisse. Par exemple, le Gelsenium 9 CH est préférentiellement utilisé comme traitement de fond de l'anxiété ou angoisse. L'Aconitum Napellus 15 à 30 CH est utilisé dans le cadre de crises d'angoisse, tandis que l'Ambra Grisea 15 CH permet de réduire les palpitations provoquées par les troubles. Cette liste n'est, certes, pas exhaustive. Dans tous les cas, il est fortement recommandé d'évoquer les possibilités avec un médecin avant d'initier tout traitement.

À VOUS DE JOUER !

Avez-vous déjà entendu parler du yoga du rire ? Cette pratique s'inspire tout d'abord d'un fait connu de tous : rire, c'est bon pour la santé ! Parmi d'autres vertus, le rire a la faculté de chasser l'anxiété, de manière quasi instantanée à partir du moment où il s'installe et pour un temps plus ou moins long. Mais le yoga du rire s'appuie également sur une autre constatation : le cerveau ne fait pas la différence entre l'hilarité spontanée, engendrée par une situation drôle, et celle que l'on aura fait naître volontairement, sans raison particulière. Plusieurs exercices permettent ainsi de générer de la gaieté véritable, simplement en actionnant ses zygomatiques !

LE RIRE MATINAL

Cet exercice est à pratiquer le plus régulièrement possible. L'idéal est qu'il devienne un réflexe, au même titre que celui de se brosser les dents, et ce quelle que soit la journée, difficile ou non, qui vous attend.

- Devant votre miroir, commencez par sourire à votre reflet. Transformez ensuite ce sourire en une petite grimace, avant de laisser libre court à votre imagination en matière de déformation faciale : grimacez, étirez, écarquillez, froncez, tirez la langue, etc.
- Prenez votre douche en vous forçant à rire à gorge déployée et en chantant sans vous prendre au sérieux. Mieux, forcez-vous à chanter faux, surtout si vous avez une belle voix.
- Une fois propre et habillé(e), replacez-vous devant le miroir et tentez de vous séduire. Jouez de votre regard intense, de votre sourire enjôleur, de votre moue charmante, puis éclatez de rire devant vos simagrées.

Si vous vivez avec d'autres personnes (colocataires, femme, mari, enfants, etc.), n'hésitez pas à les inclure, en les poursuivant de vos grimaces ou de vos tentatives de séduction – ceci dit, peut-être pas tous les matins !

LA MÉDITATION DU SOURIRE

Alternativement, si vraiment vous ne vous sentez pas d'humeur à faire des pitreries, ou simplement si vous désirez pratiquer un exercice complémentaire à un autre moment de la journée – le soir avant de vous mettre au lit par exemple –, optez pour la méditation du sourire. Asseyez-vous sur une chaise, le dos bien droit, les pieds à plat sur le sol. Fermez les yeux et respirez profondément en écoutant votre souffle jusqu'à ce que vous soyez bien calme. Pensez alors à une situation, une image, un souvenir, quelque chose qui vous rend très heureux, et souriez. Tout en gardant cette image en tête, en continuant de respirer intensément et de sourire, sentez ce bonheur venir gonfler votre cœur et irradier dans tout votre corps. Essayez de retenir cette sensation pendant quelques minutes avant de rouvrir les yeux.

DES PRÉSENTATIONS DÉCONTRACTÉES

Juste avant une présentation, tentez de trouver un endroit isolé, à l'abri des regards et des oreilles indiscrètes. Placez-vous fermement debout, mais penchez-vous en avant, et commencez à imiter des sanglots bruyants et violents, de ceux qui provoquent des spasmes. Redressez-vous alors progressivement, en remplaçant petit à petit les pleurs par des rires de théâtre (hohoho hahaha hihihi), de plus en plus fort. Lorsque vous vous retrouvez avec le dos et la tête bien droits, levez les bras au ciel et éclatez de rire.

N'hésitez pas à répéter cet exercice plusieurs fois avant une prise de parole en public ; il devrait vous permettre de relâcher la tension.

POUR ALLER PLUS LOIN

SOURCES BIBLIOGRAPHIQUES

- « Anxiété », in *EurekaSanté.vidal.fr*, novembre 2015, consulté le 4 mai 2016. http://eurekasante.vidal.fr/maladies/psychisme/anxiete.html

- BAKER (Roger), Les crises d'angoisse : les comprendre pour mieux les maîtriser, Mus (France), Empreinte Temps Présent, 2001.

- BRODAR (Céline), « La crise d'angoisse », in *PasseportSanté.net*, août 2012, consulté le 4 mai 2016.
http://www.passeportsante.net/fr/Maux/Problemes/Fiche.aspx?doc=attaque_de_panique_pm

- « Comprendre et traiter l'anxiété », in *AxaPrévention.fr*, décembre 2014, consulté le 4 mai 2016. https://www.axaprevention.fr/sante-bien-etre/sante-question/anxiete

- CORNETTE DE SAINT-CYR (Xavier) et POISSON (Mona), *Sortir de l'anxiété. Mode d'emploi*, Chêne-Bourg (Suisse), Jouvence, 2014.

- DUCHÈNE (Christian), « Quand l'anxiété devient une maladie », in *Doctissimo*, s. d., consulté le 4 mai 2016.
http://www.doctissimo.fr/html/psychologie/stress_angoisse/ps_2573_anxiete_maladie.htm

- GRUYER (Annie) et SIDHOUM (Karim), « Thérapie comportementale et cognitive (TCC) », in *Psycom.org*, juillet 2015, consulté le 4 mai 2016.
http://www.psycom.org/Soins-accompagnements-et-entraide/Therapies/Therapie-comportementale-et-cognitive-TCC

- HORDÉ (Pierrick), « Homéopathie - Angoisse et nervosité », in *Le Journal des Femmes*, décembre 2015, consulté le 4 mai 2016.
http://sante-medecine.journaldesfemmes.com/contents/856-homeopathie-angoisse-et-nervosite

- MAILLARD (Catherine), « La souffrance au travail : la fin d'un tabou ! », in *Doctissimo*, novembre 2009, consulté le 4 mai 2016.
http://www.doctissimo.fr/html/psychologie/stress_angoisse/articles/13942-souffrance-travail.htm

- MAILLARD (Catherine), « Les thérapies cognitives et comportementales », in *Psychologies.com*, avril 2012, consulté le 4 mai 2016.
http://www.psychologies.com/Therapies/Toutes-les-therapies/Psychotherapies/Articles-et-Dossiers/Les-therapies-cognitives-et-comportementales

- PONS (Geneviève), « La relaxation », in *Doctissimo*, s. d., consulté le 4 mai 2016.
  http://www.doctissimo.fr/html/forme/
  rem_forme/fo_1116_relaxation.htm

- SENK (Pascale), « En finir avec l'anxiété de performance », in *LeFigaro.fr*, mars 2013, consulté le 4 mai 2016.
  http://sante.lefigaro.fr/actua-
  lite/2013/03/15/20070-finir-avec-lanxiete-perfor-
  mance

- SEUGON (Ayla), « Angoisse et anxiété », in *Doctissimo*, s. d., consulté le 4 mai 2016.
  http://www.doctissimo.fr/html/psychologie/
  stress_angoisse/ps_1515_angoisse_anx.htm

SOURCES COMPLÉMENTAIRES

- QUEMOUN (Albert-Claude), *Guérir le stress et l'anxiété avec l'homéopathie*, Paris, Leduc.s, 2016.

- SERVAN-SCHREIBER (David), *Guérir le stress, l'anxiété, la dépression sans médicaments ni psychanalyse*, Paris, Pocket, 2011.

- SOUMAILLE (Suzy) et BONDOLFI (Guido), *L'anxiété et les troubles anxieux*, Chêne-Bourg (Suisse), Éditions Médecine & Hygiène, coll. « J'ai envie de comprendre », 2015.

- TRICKETT (Shirley), *En finir avec les crises d'angoisse*, Paris, Leduc.s, 2014.

ISBN ebook : 978-2-8062-7899-9
ISBN papier : 978-2-8062-7900-2
Dépôt légal : D/2016/12603/180
Photo de couverture :
© Syda Productions - Fotolia.com.

Conception numérique : Primento,
le partenaire numérique des éditeurs.